Elke und Norbert Huber

Kürbisse schnitzen
Schaurig schöne Motive

CREATIV COMPACT

CHRISTOPHORUS

Inhalt

Kürbiszeit

Der Kürbis wurde einst von Christoph Columbus aus dem fernen Amerika nach Europa gebracht. Inzwischen gilt der Kürbis als kulinarische Spezialität und ist nicht nur bekömmlich, sondern auch sehr gesund. Zur Dekoration wird der Kürbis in vielen Ländern genutzt. In Amerika zum Beispiel werden am 31. Oktober (Halloween) die bösen Geister mit geschnitzten, gruseligen Kürbisfratzen verjagt. In den letzten Jahren ist auch bei uns das Aushöhlen und Schnitzen von Kürbissen immer beliebter geworden.
Sie finden in diesem Buch verschiedene Motive, die in unterschiedliche Kürbisse geschnitten sind. Von der bösen Hexe über das Skelett auf dem Friedhof bis hin zum Sensemann, aber auch lustige, lachende Gesichter. Schön beleuchtet am Abend sind diese Kürbisse ein Blickfang für jeden, nicht nur für die bösen Geister.

Wir wünschen Ihnen einen gruseligen Kürbisherbst und viel Spaß mit diesem Buch.

Herzlichen Dank an die Familie Heilmann aus Hausen, auf deren Bauernhof wir die Fotos zu diesem Buch machen durften, für die schönen Kulissen rund um die Kürbisse.

Angaben zum Kürbis Seite 6

Material & Werkzeuge

Kürbisse

Im Herbst gibt es viele verschiedene Arten von Kürbissen zu kaufen. Kürbisse können jedoch auch ganz leicht selber angepflanzt werden; sie benötigen nur einen lockeren Boden, viel Sonne und ausreichend Wasser. Das Fruchtfleisch des Kürbisses kann für Speisen verwendet werden (siehe zum Beispiel das Rezept „Kürbiscremesuppe“ auf Seite 32), und in das ausgehöhlte Gehäuse lassen sich wunderbare Motive schneiden. Übrigens: Heben Sie ein paar Kürbissamen für das nächste Jahr auf!

Werkzeuge

Werkzeuge wie Schaber, Bohrer und kleine Sägen für das Aushöhlen und das Ausarbeiten der Schnitzereien am Kürbis sind als Komplett-Set im Fachhandel erhältlich. Wer sich kein spezielles Schnitz-Set kaufen möchte, kommt auch mit verschieden großen Messern, einem Apfelkernausstecher für die Augen, einem Linoleummesser für die Einschnitzungen und einem Stichsägeblatt gut zurecht. Das Stichsägeblatt kann ganz einfach in einen Cutter oder einen Nähahlenhalter eingespannt werden.

Übertragen der Vorlagen

a) Mit einer Nadel: Das Motiv vom Vorlagebogen mit einem Bleistift auf Transparentpapier übertragen, dann das Transparentpapier an jeder Ecke etwas einschneiden, damit sich das Blatt besser auf dem rundlichen Kürbis mit Klebestreifen befestigen lässt. Mit der Nadel in gleichmäßigen Abständen die auszuschneidenden Linien in den Kürbis stechen. Zur Hilfestellung können die übertragenen Punktierungen noch mit einem abwischbaren Filzstift auf dem Kürbis nachgezeichnet werden.

b) Mit einer Schablone: Hierfür das Motiv auf einen Tonkarton übertragen, mit einem Cutter die vorgegebenen Bereiche herausschneiden. Den Karton an den Ecken etwas einschneiden, auf dem Kürbis mit Klebeband befestigen und die herausgeschnittenen Leerräume mit einem abwischbaren Filzstift auf den Kürbis übertragen.

So gehts

1 Je nach Motiv einen Kürbis in entsprechender Größe und Form aussuchen. Den Kürbis mit Wasser und Spülmittel säubern und trocken polieren.

2 Das gewünschte Motiv vom Vorlagebogen mit einem Bleistift auf Transparentpapier oder auf Tonkarton übertragen. Falls eine andere Motivgröße für den Kürbis benötigt wird, kann die Vorlage mit dem Kopierer entsprechend angepasst werden.

3 Mit einem langen, dünnen Messer den Deckel vom Kürbis herausschneiden. In den Deckel einen Luftabzug für die Kerze einarbeiten. Den Kürbis mit einem Schabelöffel bis auf eine Wanddicke von 1,5 bis 2 cm aushöhlen.

4 Mit einer kleinen, feinen Säge die vorgegebenen Bereiche vorsichtig heraussägen. Hierfür die Säge senkrecht mit wenig Druck auf und ab bewegen. Bei zu großem Druck könnte die Säge verbiegen oder gar brechen. Es wird immer von innen nach außen gearbeitet, und die filigranen Schnitzarbeiten, wie zum Beispiel die Augenlöcher, zuerst geschnitten, damit nicht beim Schneiden etwas abbricht. Die herausgetrennten Bereiche mit einem feinen Messer nochmals versäubern, sodass die Ränder schön gleichmäßig sind.

5 In den Kürbis eine Kerze stellen, eventuell Zimtstangen oder Orangenschalen für den Duft neben die Kerze legen.

Verschiedene Kürbisarten

Jack o'Lantern	nicht aromatischer Geschmack, nur zur Deko
Gelber Zentner	nicht aromatischer Geschmack, nur süß-sauer eingelegt schmackhaft
Moschuskürbis	sehr delikat, süßaromatisch
Hubbard	maronenartiges, süßes Fruchtfleisch
Winterhorn	sehr aromatisches süßes, trockenes Fruchtfleisch
Ungarischer Riesenkürbis	festes, schmackhaftes Fruchtfleisch
Ölkürbis	Kerne werden zur Ölgewinnung genutzt, das Fruchtfleisch wird nicht genutzt
Hokkaido	maronenartiges Fruchtfleisch
Warzenkürbis	mäßig aromatischer Geschmack

Lachgesichter

Kürbisse

Für die Lachgesichter:

- in Grün/Orange, ca. 35 cm Ø, z. B. „Ölkürbis“
- in Orange, ca. 40 cm hoch und 30 cm breit, z. B. „Jack o'Lantern“

Für den Smily Pumpkin:

- in Orange, ca. 38 cm Ø, z. B. „Gelber Zentner“

Abbildung Seite 3

Vorlagen
A1 – A3

Außerirdische

Kürbisse

- in Dunkelgrün,
  ca. 42 cm Ø,
  z. B. „Moschuskürbis“
- in Orange,
  ca. 50 cm hoch
  und 37 cm breit,
  z. B. „Jack o'Lantern“

Vorlagen
B1, B2

Ethno-gesichter

Kürbisse

- in Orange, ca. 43 cm hoch und 35 cm breit, z. B. „Jack o'Lantern"
- in Orange, ca. 44 cm hoch und 33 cm breit, z. B. „Jack o'Lantern"

Vorlagen
C1, C2

Geist & Katzengesicht

Kürbisse

- in Orange, ca. 50 cm hoch und 30 cm breit, z. B. „Jack o'Lantern"
- in Orange, ca. 38 cm hoch und 30 cm breit, z. B. „Jack o'Lantern"

Vorlagen
D1, D2

Zuerst die Konturen im Geistergewand mit dem Linoleummesser einritzen. Die Augen, den Mund, den unteren Rand der Kaputze und die Schnalle ausschneiden. Danach mit dem Aussägen beginnen.

Hexenzeit

Kürbisse

- in Gelb,
  ca. 29 cm Ø,
  z. B. „Warzenkürbis"
- in Orange,
  ca. 50 cm Ø,
  z. B. „Hokkaido"
- in Grün/Orange,
  ca. 30 cm hoch,
  z. B. „Ölkürbis"

Vorlagen
E1 – E3

Schmunzel-monster

Kürbisse

- in Orange, ca. 30 cm Ø, z. B. „Gelber Zentner“
- in Orange, ca. 32 cm Ø, z. B. „Jack o'Lantern“

Vorlagen
F1, F2

Grusel-kabinett

Kürbisse

- in Orange, ca. 30 cm Ø, z. B. „Jack o'Lantern"
- in Orange, ca. 22 cm Ø, z. B. „Jack o'Lantern"
- in Grün/Gelb, ca. 25 cm Ø, z. B. „Ölkürbis"

Vorlagen
G1 – G3

Unheimliche Gesellen

Kürbisse

- in Orange, ca. 35 cm Ø, z. B. „Jack o'Lantern"
- in Dunkelgrün, ca. 40 cm Ø, z. B. „Moschuskürbis"
- in Blaugrau, ca. 25 cm Ø, z. B. „Blaugrauer Hubbard"

Vorlagen
H1 – H3

Sensemann & Geisterburg

Kürbisse

- in Orange, ca. 50 cm Ø, z. B. „Jack o'Lantern"
- in Orange, ca. 25 cm Ø, z. B. „Jack o'Lantern"

Vorlagen
J1, J2

Bei dem Sensemann zuerst mit dem Linoleummesser die Falten im Gewand, die Konturen am Grabstein und bei der Fledermaus einritzen. Danach den Sensemann, die Sense, die Fledermaus, den Grabstein und am Schluss den gezackten Rand aussägen.

Bei der Geisterburg zuerst die Steinkonturen einritzen.

Kreuz & Skelett

Kürbisse

- in Orange, ca. 40 cm Ø, z. B. „Jack o'Lantern"
- in Beige, ca. 47 cm Ø, z. B. „Ungarischer Riesenkürbis"

Vorlagen
K1, K2

Auf dem Kürbis in Orange die Totenkopfkontur nur mit dem Linoleummesser nur einritzen.

Bei dem hellen Kürbis zuerst die filigranen Innenteile von dem Skelett und von dem Baum heraussägen. Danach das Kreuz, das restliche Skelett und den restlichen Baum arbeiten. Zum Schluss den äußeren Rand schneiden.

Marsgesicht

Kürbisse

- in Orange,
  ca. 28 cm Ø,
  z. B. „Jack o'Lantern"
- in Dunkelgrün,
  ca. 30 cm Ø,
  z. B. „Winterhorn"

Vorlagen
L1, L2

Bei dem Marsgesicht zuerst die Punkte ausstechen.

Hexenmond

Kürbisse

- in Orange, ca. 50 cm Ø, z. B. „Warzenkürbis“
- in Hellorange, ca. 40 cm Ø, z. B. „Jack o’Lantern“

Vorlagen
M1, M2

Die Umrandungskontur vom Mond nur einritzen!

Fledermäuse in der Nacht

Kürbisse

- in Orange,
  ca. 40 cm Ø,
  z. B. „Jack o'Lantern"
  oder „Gelber Zentner"
- in Orange,
  ca. 45 cm Ø,
  z. B. „Jack o'Lantern"
  oder „Gelber Zentner"

Vorlagen
N1, N2

Zuerst mit dem Linoleummesser die Konturen am Hügel und oben und unten am Kreuz einritzen.

Impressum

ISBN 3-419-56539-9

Lektorat:
Gisa Windhüfel, Freiburg

Styling und Fotos:
Christoph Schmotz, Freiburg

Layoutentwurf:
Network!, München

Coverrealisierung
smp, Freiburg

Produktion:
Carsten Schorn, Merzhausen

Druck:
Freiburger Graphische Betriebe

Wir sind für Sie da, wenn Sie Fragen haben.
Und wir interessieren uns für Ihre eigenen Ideen und Anregungen.
Schreiben Sie uns, wir hören gern von Ihnen!
Ihr Christophorus-Team

Christophorus-Verlag GmbH
Hermann-Herder-Str. 4
79104 Freiburg
Tel.: 0761/2717-0
Fax: 0761/2717-352
e-mail:
info@christophorus-verlag.de
www.christophorus-verlag.de

Rezept Kürbiscremesuppe

800 g Kürbisfruchtfleisch, 200 g Kartoffeln, 2 Zwiebeln, etwas Butter, 1 l Gemüsebrühe, 1 Becher Sahne, 100 ml Milch, Muskat, Zitronensaft, 1 daumengroßes Stück Ingwer, Salz und Pfeffer

Das Fruchtfleisch von einem ausgehöhlten Kürbis mit einem scharfen Messer in mittelgroße Würfel schneiden. Kartoffeln schälen und ebenfalls in Würfel schneiden. Zwiebeln schälen, fein hacken und in einem großen Topf in Butter anschmoren. Kartoffel- und Kürbiswürfel zugeben und etwa 10 Minuten dünsten. Immer wieder umrühren, damit nichts anbrennt. Gemüsebrühe dazugeben und aufkochen lassen. Die Suppe zugedeckt bei mittlerer Hitze noch etwa 10 Minuten garen. Mit dem Pürierstab alles durchmixen. Einen Becher Sahne und 100 ml Milch zugeben. Mit Salz. Pfeffer, ein paar Spritzern Zitronensaft und einer Prise Muskat würzen. Ingwer auf der Käsereibe reiben und mit einem Messer klein schneiden. In die Suppe geben und noch etwas durchziehen lassen.

TIPP

Wer mag, kann die Kürbiscremesuppe noch mit angebratenen Schinkenspeckwürfeln oder Kürbiskernen verfeinern.